PROMESAS LEJANAS

UN RECORRIDO, UN CAMINO

EDISSON NUÑEZ C.

2020

ESCRIBO ESTE LIBRO COMO UN SENTIDO HOMENAJE A TODAS ESAS PERSONAS QUE EN ALGÚN MOMENTO ACOMPAÑARON MI CAMINO, DÁNDOME LA OPORTUNIDAD DE CRECER Y SER; GRACIAS TOTALES, CADA UNO APORTO UN GRANITO DE ARENA, ALGUNOS CONTRIBUYERON CON SU ALIENTO, CON SU TENACIDAD PARA ENFRENTAR LA VIDA, OTROS QUE CON SUS ACTITUDES REPROCHABLES TAMBIÉN ENSEÑARON, DIERON LA IMPORTANCIA DE SABERSE DENTRO DEL MUNDO.

TAMBIÉN AGRADEZCO A MIS PADRES POR SU CONTRIBUCIÓN SENTIMENTAL, POR SUS EMOCIONES Y EL EJEMPLO DE VIDA QUE EN SU CAMINO ME HA APORTADO, GRACIAS POR TODO

Si me hubieras leído

Si me hubieras leído,

Habrías visto que te llame con un grito desgarrador;

Habrías escuchado mi silencio;

Si me hubieras leído,

Sabrías que mi alma se aqueja;

Hubieras sepultado la soledad que me mata,

Habrías dejado esa hora para mí.

Si me hubieras leído,

Habrías encadenado aquel beso;

Habrías cancelado el murmullo, por un abrazo;

Habrías hecho tanto por apaciguar los demonios que me asaltan;

Habrías volado en canción eterna.

Si me hubieras leído,

Estarías aquí, donde yace el fuego;

Estarías rompiendo la cadena,

Estarías forjando el día de hoy.

Si me hubieras leído,

Habrías hecho algo por salvarme;

Mas no fue así,

Las líneas murieron, las escenas se volvieron secundarias,

El tic tac se volvió implacable, las lágrimas florecieron,

El alma se desnudó y puso a los pies la derrota;

Si me hubieras leído, ahora no serias

Una promesa lejana.

MI VIEJO

Ahí está el, cansado de los vientos de la tarde

Suplicando al pasado levantar su peso;

Ahí está aquel guerrero, desfalleciendo,

Lanzando sus últimos embates,

Rasguñando los girones de la ciudad.

Ahí está, con sus años cansados, vividos,

Levantando la copa de la nostalgia,

Vaciando sus recuerdos, alentando el mañana;

Es mi viejo señores, luz y faro en días,

Amigo y escudero en los caminos;

Ahí está el, luchando aun por aquella moneda,

Despertando ilusiones que el pavimento acorrala,

Buscando en sus ayeres la fuerza

Y en el hoy aquel mendrugo de pan;

Su mirada se pierde en cual océano de tristeza,

Pensar que fue luz del sendero y hoy.......

Ahí va aquel que remato su tiempo,

Quien vendió la comodidad, quien hambre aguanto,

Para dar lustre a los sueños de sus estolones,

Ahora es menester encumbrar su legado,

Gracias mi viejo por todo lo enseñado

EL ULTIMO ADIOS

Es hora del último adiós

Las calles cambian su nombre

El rumbo del mundo es frívolo

Y nada volverá a ser igual.

Es hora del último adiós

La fauna urbana es silente

Mil recuerdos se aglomeran

Rindiendo tributo a tu ayer.

Este es el último adiós

A tus frías noches sin reposo

A tu forma de amar sin causa

A tus labios contaminados ya,

A tu piel que en mil lunas poseí

Con tanto desdén hasta llegar a la locura,

Al silencio reinante y tenso,

A aquel lapidario eco

Encarnado en tus ojos claros.

En forma plural y sincera me despido de ti

Es hora del último adiós

Por cada lagrima florecida

En diarios de veranos negros,

Por callados engaños en soledad,

Por tantas horas señaladas y perdidas.

Es hora del último adiós

Solo queda por decir adiós y buen viaje,

Por último, deja un lamento florecer

Al lado de mi pecho

Para recordar la tristeza de estar a tu lado.

Rogare al altísimo por un amor trino

Porque son luz del camino

A ellos por siempre.

4:30 a.m.

4:30 a.m., el molesto sonido de la alarma es silenciado por el delicioso aroma de un chocolate recién preparado, todo acompañado de un beso en la frente, como señal de protección; de eso ya muchos años. El uniforme para la escuela espera a la salida de la ducha, en compañía de esas manos que se apresuran a ayudar.

4.30 a.m., una lagrimas funcionan como despertador, un agua de panela y un beso en la frente empiezan el tortuoso recorrido de la mañana; la escasa ducha espera, junto con unas manos que apresuran a ayudar; desde hace poco tiempo ya, la angustia da cada día un nuevo paso.

4.30 a.m., el llanto infantil funciona como alarma, las ojeras empiezan a ser parte de la anatomía, de eso ya hace poco tiempo; un pijama por cambiar, un tetero por brindar, mil besos y sonrisas por ofrendar; coche listo.

UNA SONRISA

Si vez que en las noches escapan las estrellas

Acompañadas de una estela humeante,

Te darás cuenta que la vida continua

Y en ese concierto infinito somos solo una parte.

Si descubres que la luna esta triste

Y la acompaña una estrella solitaria,

Te darás cuenta de que el amor a todos nos toca,

Pero por sobre todo continuamos vivos,

Y el camino, aunque largo continua.

No dejes caer la estrella que nace en tu mirada,

Ni la luna que esconde tu sonrisa,

Pues servirán para iluminar la noche

Donde todos somos parte infinita.

Regálame una sonrisa...............gracias.

Estoy aquí

Estoy aquí, lo sabes bien, te estoy esperando con el alma en las manos,

Sintiendo el vacío de la noche atrapándome, sintiendo como la mierda consume mis odres,

Sintiendo a cada momento que mi despertar se está volviendo una pérdida de esperanza,

Sintiendo la angustia de un nuevo amanecer, siento que la fe está decayendo y aun así te estoy esperando.

Estoy aquí esperándote, intentando usurpar un pedazo de locura, algo que me saque de este puto marasmo en el que me encuentro internado, necesito un pronto escape, la vida se me está esfumando como aquel cigarrillo que presurosamente enciendo cada mañana para divisar mi caída libre, necesito con urgencia esa posibilidad de sentirme vivo.

Estoy aquí, mírame por la ventana de tu piel, necesito de tu calor, de tu compañía, la decadencia me está absorbiendo, ven y sálvame. Eres mi religión

CAE LA LLUVIA

La lluvia cae para recordar

Los muertos que pesan en el alma de los hombres

A cuál tragedia, niños, mujeres, padres, hermanos,

Todos sin raza, ni abolengo

Irrespetados en su campo santo.

Llueve en la conciencia de los hombres

Como marfil augusto de quimeras,

Dentro de un corazón aferrado a la vida.

Lágrimas de sangre corren por doquier en su facultad

Inerme de tristezas; cuando parara este absurdo

¿Quién hablara en el futuro de justicia?

¿Dónde quedara el campo florido?

¿Qué diremos a nuestros hijos mañana?

¿Dónde estarán mañana nuestros muertos?

Que la lluvia en su locura deje de sonar

Es la propuesta de los vivos,

Para construir la fiesta de la libertad.

SILENCIO

Silencio:

Se escucha por doquier la sombra danzante,

El verdugo levanta su lanza en su contra,

El festín de la muerte atraviesa quimeras

¿Otros sueños son atacados, hasta cuando?

Se preguntan los mortales.

Silencio:

Se siente en la tumba de aquel que sin ser invitado llego

No por arte de magia, llego con la tarjeta de un fusil,

Sembrando ignominia, dejando una estela de dolor.

Silencio:

Se admira el rostro de aquel niño huérfano,

Que vio a su padre huir de las balas sin lograrlo.

La guerra continua, el hambre azota, nos jodieron,

Los gritos nacen de cada bando,

Viudas y huérfanos crecen, los hombres mueren

Y donde está la puta razón.

Silencio:

La madre tierra grita, se arrepiente de ver a sus hijos

Desangrándose por un puñado de oro,

De ver como miles de años de evolución son basura

JURAMENTO

Sobre esta tierra que me vio crecer,

Con testigos como la luna lejana

Y el viento que se posa en el infinito

Cual cóndor celeste

Te declaro un amor sagrado.

Un amor puro, sin condiciones

Como el agua que lava al campesino

La que espera en medio del azadón.

Un juramento tan firme

Como las estrellas que te rodean,

Cual diosa de venus tomaría para sus aposentos.

Más que un juramento es la declaración de unión eterna

Concebida en honor al amor,

Que se extenderá en medio del sol,

La luna como fiel testigo

Y el viento encargado de ser el cómplice.

UN RECUERDO

Caminando en medio de esta fría noche

Encuentro tu recuerdo como la mirada

Que nos deja el ayer.

Recordaba tus pasos al amanecer

Como el sol que te acompañaba,

Para brindar calor de hogar.

Estaban tus miradas

Aquellas que alegraban a la bestia

Las que doblegaban hasta el más fuerte.

Como olvidar tu forma de ser

La que me saco del laberinto

Aquel que tenía clavado en el costado.

Mas ya no estás aquí

Solo tu nombre yace en la habitación

Aquella donde estuvimos tu y yo,

Donde te recordaba cada vez

Que el viento danzaba a tu alrededor

Por siempre te recordare.

FRENTE AL ESPEJO (relato)

La noche empezó para ella algo normal, salió de su trabajo a la hora acostumbrada, al final llegaba siempre a su paradero en punto, tomaba su transporte hacia su destino como era normal, todo era inevitablemente normal, los mismos momentos, las mismas caras, nada fuera de lo común. Decidió esa noche hacer algo para salir del marasmo, pues nadie la esperaba en su cama, siempre fría, siempre desolada, nada destilaba algo de calor humano a menos que ella lo hiciera.

Tomo algo cálido y saludable a su parecer, después de un instante de pensar en lo que haría y enfrentar su demonio interno, tomo la decisión que considero acertada. Poso frente al famoso espejo que tantas veces la vio, aquel en que descubrió hace bastante tiempo que aún era mujer y no cualquier mujer, era la más bella y aunque no lo creyera que era así, era lo más real.

Froto sus manos con una crema suave, soltó todos sus recuerdos de aquellos tiempos en que fue amada, redacto con detalle aquella ocasión, desabotono cada botón de su camisa con paciencia, detrás de ella venia su nuevo sostén, aquel que le hacía ver sus senos grandes y aun atractiva a las miradas, los encajes ayudaban a sentirlo así, aplico de aquella crema en derredor de sus pezones, estos a su vez se pusieron erguidos, habidos, sintió que su piel se calentaba, algo en ella se mojaba, se sentía húmeda.

Viajaron sus manos hasta la pretina que sujetaba aquel roído jean que tanto le gustaba, que le marcaba las caderas de manera singular, bajo la bragueta con impaciencia, sus dedos se empezaron a explorar. Cayo el pantalón, viéndose frente al espejo, admiro que su sexo se encontraba húmedo, anidaba sus dedos dentro de sí, apretaba sus nalgas con deseo, rozaba sus pechos con la lengua, se desataba su clímax; sus labios se humedecían cada vez más, se buscaba más ansiosa. Se arrojó en la cama totalmente desnuda, sus manos escudriñaban cada parte, cada gemir venía acompañado de un espasmo en su vientre, era su locura, eran las ganas de querer sentir un glande penetrándola suave y fuerte, era deseo de sentir una piel sobre ella, sus recuerdos se avivaban mientras la humedad y el gemir hacían de las suyas dentro de su carne, sentía la sinfonía desigual que emanaba su piel.

Paso un largo rato moviéndose lentamente sobre su cama, apretaba las sabanas, mordía la almohada, sus piernas temblaban, se retorcía con cada caricia, hasta lograr llegar a ese orgasmo continuado, al que con tanto anhelo esperaba conseguir al lado de un hombre que le hiciera sentir toda la vibración que de su vientre nace. Ya húmeda y desahogado su cuerpo, tomo de nuevo aquella crema, la froto de pie frente al espejo, se volvió a ver mujer; la mujer más hermosa del mundo (así se sintió)

MI VIEJO SOFA

Otro día marcha al cadalso, el almanaque lo arrastra sin piedad, lo lleva a desvanecer; afuera cae la lluvia, las tejas robustecen su coro, el frio implacable surge por los dinteles; una buena taza de café, un cigarrillo y algo de buena música ayudaran a amainar este tiempo de espera. Esperando en mi viejo sofá, -con mis mejores ansias- tomo un sorbo de aquella magnifica poción cálida; la visión que tengo me permite escudriñar perfectamente por la ventana, la llegada de cientos de viajeros, todos anónimos, atravesando las calles con disimulado afán, huyéndole a la lluvia, muchos de ellos sin alcanzar a imaginar como terminaran sus noches; algunos con un buen plato de comida, sencillamente preparado, otros en los brazos de una buena compañía de color humano o de sus amadas mascotas, solo ellos lo sabrán.

Continúo deambulando entre las sombras que por allí circulan, esperando el arribo de tu presencia; imagino que el día fue lo suficientemente largo y llegaras cansada -sería conveniente prepararte una ducha caliente- traerás atorados los problemas de la oficina y necesitaras desahogarte -te escuchare pacientemente- ¿llegaras con el mismo deseo que me embarga?, tantas posibilidades nacen al ritmo del tic tac.

Otro sorbo de café, la hora se acerca, (los nervios empiezan a hacer de las suyas) en un acto ritual te tomare de las manos, besare tus mejillas como si fuéramos viejos conocidos de aquellos que en un tras pies de la vida ha vuelto a juntar; pasaras, tomaras posesión de mi viejo sofá al tiempo que andanadas de tu rutina brotan (habrá que preparar otras tazas). Estaré cómodo a tu lado, oyéndote, admirándote, disfrutando de toda la belleza terrenal que te rodea, la suave fragilidad y fortaleza de tu cuerpo, los gestos que haces en sincronía con tus palabras.

En la obviedad de la ocasión tomare tus manos nuevamente para acariciarlas y hacer un pequeño recorrido a tu rostro, quizá me dejes robarte un beso o dos, podre asistir a tu cuello con un breve masaje y si me lo permites hasta quitar tu vestido, continuando con el más hermoso de los rituales; dejare tus senos al descubierto admirando la gracia con que la naturaleza los doto, la aureola de tus pezones habidos de sentir, delicados y excitantes al tacto - algo de crema caerá bien para que te sientas más a gusto- hermosos; será un concierto de caricias entre tu pecho y espalda, hasta que tu cansancio se disipe, acompañado de un rio de besos.

Según lo dictes robare un contacto a tus labios (tus manos marcaran el siguiente paso), si lo permites saltare al vacío de tus piernas, será un vuelo rasante, acariciando con desdén y delicadeza la frontera de tu sexo, no habrá más que mis manos sujetando y mis labios habidos por sentir tu humedad, sentirás cada pulsación, cada recorrido urgente, la excitación será más profunda por entre los pliegues de tu intimidad. Demorare lo suficientemente necesario para sentir en mis labios todo el elixir que guardas con tanto celo y que no pertenece al mundo. A este punto estaré con deseoso de querer estar dentro de ti, que mi falo buscara adentrar lo suficiente como para hacerte sentir de nuevo mujer, lo sentirás erguido en cada pulsación para que de nuevo esa simbolista femenina aflore mojando todo lo que dentro de ti emane.

Esperare con fervoroso afán a que tus labios se encuentren congraciados por haber copulado de tal manera que tus piernas sientan la fuerza del placer o que tus pechos quieran evitar seguir siendo acariciados, para ofrecerte otra taza de café, pero esta vez yacerás indefensa y saciada por los placeres carnales en mi viejo sofá, estaré tan congraciado contigo que a lo sumo descuidare las horas de la noche, para contemplar todo ese delicioso espectáculo de verte allí, desnuda.

Pasan los minutos, la ansiedad se empieza a apoderar, no encuentro tu figura desplazarse por en medio de la calle; ¿Qué pasara, te habrán demorado en la oficina?, son tantas las variables que a esta hora asoman, te estoy esperando en mi viejo sofá, con esa taza de café presta para empezar a brindarte el calor imperante que necesitaras.

EN LA SOLEDAD

A veces la vida nos envía a tomar esa banca, sentarse, encender un cigarrillo, ver por la ventana (si es que la tienes), una ventana en donde puedas ver la lluvia caer, gente pasar (tal como lo anuncia aquel bolero), divisas toda una maraña de personajes cruzando en su rápido afán, algunos alardeando de exclusiva situación (con algún trabajo, imagino) otros tratando de escapar en medio de una plegaria que los logre sacar de ese confinamiento al que se ven sometidos; aunque todo no es tan severo, pues también asoma la inocente sonrisa que llevan algunos chicos yendo de la mano de sus progenitoras o algún familiar cercano, se les ve en la mirada el anhelo de un mejor mañana, toda la inocencia a flor de piel.

Pero luego volteas y te de detienes en tu alrededor, te encuentras con una soledad tosca, nunca indiferente, siempre alistándote su abrazo, esa que no le importa si estas lleno de fantasías o sueños por alcanzar; ella llega, te abraza, te acurruca en un rincón, te deja allí, mirándote solo; es como un espejo, te hace verte en retrospectiva, a quizá buscarte en lo profundo, a recordar lo que has vivido (hasta convertir en una panacea eso de, recordar es vivir). Al inicio recuerdas cosas frágiles, como lo fue en su momento aquel beso primero que a suerte diste a esa linda chica que fuera la novia de algún tío o familiar; la primera vez que alucinaste con una mirada, esperando una respuesta pronta; recuerdas con algo de alegría aquello, suspiras y te repites de manera simple – fuiste un tonto.

Luego llegan aquellos pasajes de tu vida, en donde diste ese primer paso, paso que podría ser en tu trabajo (memoria reciente), los compañeros que tuviste, que forjaron un carácter laboral; el primer paso con esa primera novia, como le hiciste para llegarle, ese primer beso, ufff fue hermoso e inolvidable, ala que juraste nunca dejar de amar, a la que enviabas miles de misivas cargadas de prosa y versos robados a los poetas andantes, te considerabas todo un don juan por tener a la chica mas linda del mundo, te la pasabas horas y horas alucinando si estaba pensando en ti, en si ella quería verte, si hablaba con sus amigas de lo cariñoso, amable y tierno que eras; y ahora mírate, tirado en un sofá, sin ella y recordándola y a lo sumo para ella, ni un recuerdo serás.

Te levantas de ese lúgubre rincón, te preparas un café, vuelves a encender otro cigarrillo -al menos es un compañero fiel en estos momentos, eso piensas mientras lo enciendes-miras de nuevo por la ventana, algo bueno ha de tener, es un buen distractor, decides escuchar la radio, un poco de música no cae mal, algún sonido, alguna letra que te haga sentir medianamente vivo de pronto sea la banda sonora de tu soledad, escuchas un pedazo de una y te queda como anillo al dedo ''una canción triste para los momentos bajos, para sentirte acompañado'', guau, esa es la mía -te lo repites.

Mientras suena, miras por aquella ventana, descubres algo que te causa curiosidad, se trata de una linda mujer, ataviada como para una cita de trabajo o algo romántico o quizá ambas y te figuras lo afortunado que a de ser aquel a quien sus encantos entregaran, su cuerpo es perfecto, en su caminar se nota la gracia y elegancia, todo un conjunto de belleza; pero la pierdes al doblar la calle.

De vuelta a tu marasmo, ves caer los minutos, ese segundero avanza a gran velocidad por entre las ramas de la coladera y el humo; te fijas en tus manos como un acto natural y vuelves a caer en los pensamientos, con aquellas manos acariciaste muchas cosas, forjaste uno que otro destino, amaste, amasaste fortuna para otros, expusiste a riesgo en alguna pelea tu integridad, diste consuelo cuando ya nada tenía solución, acariciaste el rostro de tus padres cuando apenas eras un chico, aquel perrito al que tanto quisiste, ese carrito de juguete, las canicas que con celo apretabas cuando tenías que darlas, porque perdiste en aquel juego, la piel de tantas doncellas que se atravesaron por tu camino, la de tus primeros sobrinos, las que diste a tus primogénitos (inolvidables momentos), tantas cosas acariciaste, escribiste, pegaste, cortaste, ahora ya no tienen la delicadeza de tus años gloriosos, están llenas de cayos, de cicatrices, porque así es la vida, un duro trajinar constante, una siembra eterna.

Da saltos la memoria, de un momento a otro olvidas tus manos, todo lo que forjaste, de esas huellas que dejaste en el camino, los azares y pesares, todo vuelve a quedar atrás. La mirada se escapa por un momento, el silencio recurrente toma un nuevo respiro, una lagrima asoma, la nostalgia viene acompañada nuevamente. Fijas la mirada en las posibilidades, en lo que fue, en lo que perdiste; vez un cuarto lleno de cosas varias, cosas inmuebles banales que se perderán en el tiempo y no serán objeto de una herencia, una gran cama, que pudo ser refugio de una ''buena compañía'', no encuentras un eco de un ''ven'', no existe palabra de aliento, un abrazo sincero, nada, totalmente nada. Y con ello la pregunta que te ha mantenido saturado y sujetando recuerdos ¿Qué paso?, hace tiempos había ese alguien, más este se esfumo con la sombra del ayer.

Ayer tenías un ''hogar'', lo intentabas palpar con el corazón, dedicaste cada minuto de tu vida a ver crecer esa semilla, la lucha hombro a hombro era la constante; tenías como toda relación que se venere días buenos, alegrías, tristezas, otros no tanto con cargas emocionales, bien sea por tu culpa o de ella, no serás juez ni parte, tenías esa compañía -algo de moral-, la llegada de aquellos locos bajitos fundo con más ahínco las ganas de luchar, más compromisos; aunque en el fondo sabias que tanto esfuerzo algún día no sería recompensado, pero en ese instante prevalecía lo que ellos valían, las cosas no se dieron como esperabas, un día todo cambio, dejaste de ser, tu esencia se perdió, calculaste mal el tiro de esa ruleta rusa que es el destino.

Te alegra saber que ''están bien'', pero, como todo buen, pero, te consultas y te respondes: ¿valió la pena tanto sacrificio?, y la respuesta la terminas posponiendo para no querer afrontarla, para no sentir otra desilusión o esperar una gran sorpresa cuando el camino llegue a su fin, pues guardas la esperanza de que haya valido ese todo.

Sigue el crujir del tic tac, tic tac, tic tac, ese maldito reloj que no para, se ensaña contra todo el mundo y tu no eres la excepción, se vuelve muy frecuente escuchar ''el tiempo no alcanza'', mientras te sumerges en ese abismo oscuro, ciego, indescifrable, latente y presto a cada movimiento.

De vuelta a la ventana, otros personajes deambulan, nada de lo aparente fuera de lo común, los mismos afanes, las mismas caras con sus alegrías y tristezas, no se necesita ser psicólogo para saber que algunos llevan sus sueños desmoronados, van arrastrando sus almas, cargándolas en bolsillos rotos; los más espontáneos llevan una maleta cargada con muchos sueños, con la esperanza de un mejor mañana, todos a su manera sueñan con esa lampara de Aladino, con ese tash de gloria; te secas la frente, esperando encontrar allí la cura, la cura para esa soledad. Debes hacer algo o te seguirás consumiendo.

Eres como lava volcánica fluctuando.

La canasta

Bajo la sombra que proyecta un árbol, encontré una canasta hecha de bambú, no se trataba de la misma que llevaba caperucita la tarde en que se fugó con el lobo; no contenía los restos de las manzanas que dieron a probar al tonto de Adán, o a la ingenua bella durmiente; tampoco encerraba las alas que algún capitán escondió a Peter pan.

Había allí guardadas un par de bolsas, hechas a la perfección por las manos de los dioses, tejidas con fina seda egipcia y forjadas con aleaciones de oro, plata, bronce y cobre, con destellos de diamantes se decoraban. En el fondo de estas se advertía los colores del arco iris y prismas de los jardines de babilonia. Por su tamaño se advertía que no era el arca de la alianza, más su poder se dejaba ver.

Las tome con extrema delicadeza, no se fueran a tomar a mal; las pose sobre el pasto, aun húmedo por el rocío del que canto aquel poeta; intente con una de ellas formar una pirámide sobre tres líneas ecuatoriales, como las que contaban los antiguos, más una espiral de ideas la deformo y convirtió en muro. Note que algunos se acercaban a dejar sus lamentos y otros cifraban en el silencio sus historias.

Decidí acabar el muro y edificar una parábola, pocos la entendieron, asumieron que atacaba sus demonios; otros se aprovecharon de su elocuencia y crearon nuevas religiones, en su nombre proclamaron guerras, asumieron ser los únicos en tener la razón. Visualice entonces que esas guerras traerían consigo tristeza, desolación, miseria y hambre, crearían odios y sequias en los corazones; la esperanza yacería fundida en un mausoleo de mármol, los niños olvidarían el derecho a sonreír, el clamor por la vida se escaparía, el verbo amor se evaporaría.

Preocupado por esta situación apreté con todas mis fuerzas esa bolsa y dejar dentro la iniquidad, odio, venganza y todas las que en ella confluyeran, lancé aquella a un precipicio con la fe del herrero de que fuera tan profundo como para ser encontrada.

Tome la siguiente bolsa con la misma delicadeza que tuve con la primera, para estar seguro la arroje al aire, mis ojos no habían visto nunca tan admirable espectáculo, de ella brotaron unas alas tan grandes como la magnitud de la luna, a su misma vez esparcían destellos sonoros de esperanza, brotaban debajo discursos propios de los hombres de buena voluntad, arrojaba al mismo tiempo saetas multicolor y en sus vórtices alumbraba el sosiego. De igual manera surgían relámpagos ocasionados por los poetas que dentro brotaban a la luz; al lado de las alas revoloteaban los ruiseñores, flamencos, perdices, todas anunciando en coro la buena nueva.

Coincidió la aurora boreal con el momento, entonces el cielo se llenó de versos, sueños, ilusiones, danzando en forma de arreboles; las estrellas daban tránsito a majestad de canticos y quimeras; decidí entonces dejar que fluyera alrededor del mundo tan mágico espectáculo, llenando los corazones del verdadero amor que tanta falta hace.

Sin advertirlo se encontraba allí una tercera bolsa, por su color era de tono grisáceo, se inflaba poco a poco como una bomba, destellaba silencios, lagrimas, desolación, tantas tristezas, guardaba que un ángel se acercó y lo tomo en sus manos, se alejó tan rápido que rayo alguno no lograron verlo. Se deshizo de ello cerca a los mares del sur, de una galaxia tan lejana que ni el más grande de los observatorios supo en donde quedo guardado. El ángel volvió envuelto en un halo de luz y reflejando toda la armonía que solo tienen aquellos que viven en paz consigo mismos, diciendo: mientras halla amor en el mundo, mientras las aves canten sueños de esperanza, mientras seamos acordes con el universo y respetemos las ideas de cada especie, no tendrá que vivir la tristeza en nuestros corazones. Retomo nuevamente su vuelo hasta que lo perdí de vista.

Tome nuevamente aquella canasta, la lleve a un rincón secreto, dejando solamente por fuera la que esparcí al aire.

EL DIA QUE LA RADIO SE APAGO

Las nuevas generaciones viven conectados a la tecnología (osaron llamarlos Milenial), con la llegada de los celulares de buenas gamas (y otras variaciones tecnológicas) siendo este en especial quien ha calado todos los rincones de nuestro diario vivir, ya se volvió tan común asistir a reunión alguna y escuchar a los invitados preguntar: me regalas la clave del wifi, para luego verlos encantados como entes chateando durante toda la reunión, posando para fotos que envían con títulos seductores de

''Lo estamos pasando muy rico", cuando en realidad es una verdad a medias, que ya ni disfrutan la compañía de quienes están a su alrededor.

Por otro lado, estamos la generación X, quienes hemos tenido la fortuna de vivir la vida, de haber disfrutado de aquella adrenalina cuando nuestros respectivos padres salían a buscarnos con correa en mano, de haber hecho la transición respectiva, de gozar a carta cabal de una verdadera reunión en la casa de la abuela, de oír al tío de turno que con casete disponible en la grabadora echaba el consabido madrazo a la hora en que el locutor intervenía a media canción la cual trabajosamente esperaba por horas.

Luego llegaba el famoso abuelo que con receptor en mano pedía a los presentes que se callasen pues la etapa de la vuelta a Colombia iba a principiar narrada en la voz de quien para la época era la biblia en asuntos de ciclismo: Julio Labastida Brica, terminada la etapa el abuelo encendía su ya conocido tabaco y relataba una que otra cosa que sabía (aunque nunca salió de su pueblo, decía que conocía toda Colombia), siempre armaba sus tertulias alrededor de aquel aparato de forma rectangular al que se le disponían como mínimo tres o cuatro pilas de las grandes.

Comenta que desde que descubrió ese transistor, se enamoró perdidamente de las voces que emitía incesantemente aquel aparato, recordaba con cierta nostalgia los viejos tiempos cuando al calor de los largos jornales escuchaba las radio novelas (Arandu, Kaliman; la ley contra el hampa, por mencionar algunas que recordaba), también la imparcialidad de las noticias, los largos discursos dictados por un tal general Rojas Pinilla, las guerras internas propiciadas por los partidos políticos, la llegada de artistas afamados para la época, también la llegada del primer papa que piso nuestras tierras, la visita de un presidente gringo que tiempo después fue asesinado en su país estando con su esposa en un carro, la toma del palacio de justicia (en especial cuando un magistrado pedía clemencia al gobierno para que concluyeran los ataques). Sonreía con dulzura al momento de sintonizar su dial favorito y decía que tiempos aquellos cuando en alguna emisora se presentaba un tal Hébert Castro o esos shows que se emitían por allí, suspiraba y preguntaba ¿de dónde son los cantantes?, con esa clásica sonrisa que lo caracterizaba. Alguna que otra risa se escapaba, no faltaba quien recordara voces inolvidables como la Otto Greiffestein, Carlos Pinzón, Manolo Delon, Juan Gozain, Hernán Peláez, en fin demasiadas voces que marcaron toda una época, sin olvidar por otro lado tantas emisoras que han nacido desde la creación de la radio tales como Super, Todelar, Tequendama, Santafé, La voz de los Andes, Andina, Voces Rovirences, las de las Universidades y sin número de estas en todo el país, cuyos nombres se escaparon a la memoria.

No faltaba quien curiosamente y con sarcasmo le preguntaba: ¿si no has salido nunca de este pueblo, porque se atreve a decir que conoce Colombia?, a lo que el entre una que otra lagrima respondía: a tiempos aquellos en que por medio de este aparato escuchaba a un tipo al que llamaban ''EL CAMPEON'' ese señor sí que sabía hacernos sentir la patria y lo más curioso es que ni colombiano era, pero como amaba este suelo y su oficio. Este tipo era de los que no contaban con la tecnología de hoy en día, narraba a la perfección un partido de futbol, uno de boxeo, una etapa de ciclismo y otro poco de deportes, además de que se lucia colocando apodos a todos claro con el debido respeto. Se llamaba Carlos Arturo Rueda C., nació en Costa Rica si no estoy mal por allá en 1918, su creatividad y animo lo llevaron a ser el maestro de los locutores nacionales, ah esa voz era indiscutible y única. Cuentan que se subía a los postes de la luz para poder informar con lujo de detalles lo que pasaba, que improvisaba con lo que fuera con tal de que todos estuviéramos enterados de lo que pasara. El día que ese hombre murió, la radio se apagó.

LAS MASCARAS DE LA PANDEMIA

Desde que el ser humano evoluciono a tenido una constante búsqueda hacia lo desconocido, buscando en ella explicación para todo aquello que le rodea, prueba de esto empezó cuando descubrió el fuego, desencadenando un gran avance para la civilización (lejos de imaginar lo que ello conllevaría) para sus aciertos se podrían resguardar en las noches, los inviernos ya no serían los mismos, por consiguiente su alimentación sufriría una inmensa variable, ya que le proporcionaría los elementos para asegurar con gran propiedad su supervivencia, por su alto valor nutricional y por ende su lucha por avanzar.

Descubierto el fuego para provecho propio, inicio una nueva búsqueda de otros ''misterios'', la de los fenómenos inexplicables, con ella la adoración de miles de ''dioses'', contados a mares por miles de civilizaciones, de las que hasta ahora conocemos, de ellas vienen los rituales, en su gran mayoría cuentan con máscaras, hechas para respectivos tributos, algunas zoomorfas, otras antropomorfas, utilizadas para tales fines, se les consideraba de gran importancia para estos pueblos, usualmente utilizadas por quienes llevaban en sus manos la religiosidad.

Se conocen atravez de la historia su elaboración en variados materiales, yesos, maderas, metales, con toda suerte de detalles, según la civilización que a bien las creara, todas con un sinónimo en común: la protección; Protección de las cosechas, de las lluvias, de las guerras, de todo lo visible e invisible.

Hoy volvemos a esa fase que vivió el ser humano antaño, por cuenta de un virus -del que aún no sabemos mucho- retomamos esa ''protección'', no con la misma lealtad de aquellos rituales, más si con todas las preocupaciones y cuidados necesarios, para protegernos de aquello que no vemos. No son las máscaras argumentativas, ni las que fueran ofrenda de sacrificio, son las nuevas ''máscaras de la pandemia'', diseñadas para prevenir, para evitar el contagio; algunos mercaderes han decidido apelar a su ingenio y darles algo de vida, para que esto no se vea tan triste, como muchos lo ven, otros aferrados a la solemnidad de la ocasión prefieren portar los clásicos.

Lo cierto es que adicional al tapaboca, se le acompaña de caretas, gafas; en fin todo lo necesario para proporcionar esa ''protección' 'y sin obligarnos a escondernos, a escondernos de frente, ya que esto está haciendo perder el valor de una sonrisa -la cual demoraremos en ver-, el brillo de los ojos ante la inocencia se escapara en medio de un acetato; volvimos al tiempo de las máscaras -no por gusto- de aquellas que usaron nuestros ancestros con otros fines. Ahora debemos estar usándolas para nuestro bienestar y como harían nuestros predecesores, clamar porque esto pase pronto y volvamos a sentir esas sonrisas, volver ver esas caras sin mascaras.

MANIFIESTO EMOCIONAL

Hijos de la estirpe de Adán y Eva, que evocan en sus antepasados los monumentos a la gloria de un ayer que ya no volverá, tratan de vivir sobre falsas semillas que fueron fecundadas en teorías de conspiración totalmente equivocadas, tal estirpe está muriendo en su apego con "doctrinas de moral" sin advertir que son la punta de la saeta.

Tales juzgan a los hijos de Abel pues son de la creencia que no son de su linaje y menos de la tierra que ayudaron a arar, mas no advierten que su contribución a su grandeza ha sido fundamental. Que, equivocada estas hijas de Adán, pues aquella tribu ha sido soporte en tu pesebre como para que hoy sea admirado con exquisita arrogancia.

¿Hija de Adán, piensas al despertar que con darte golpes de pecho y pronunciar a fiel letra el libreto tus suplicas serán atendidas? ¿O quizá al encender candelabro delante de los mortales tus pecados y suplicas se verán redimidas? Cuan falsas predicaciones son estas, si el lodo que te fecunda ha sido cruzado por las hienas, adornado por mal vivientes que te fingen una sonrisa en pos de arrancar en un descuido toda tu ornamentación, pues recuerdan las trompetas del apocalipsis que ni mil aleluyas te salvaran hasta que renueves tanto fango de tus ojos como te sea posible ya que no estas dejando que la sombra del arco iris asome por tu ventana.

No serás salvo tú y tu casa, más tan exquisita arrogancia y desespero por un "poder", que a lo largo del camino es un poder de mierda, pues serán los que te condenen al exilio, al exilio más cruel: el olvido. Salva la casa de Abel, no dejes que se hunda lo que a futuro puede ser tu mejor escudo de salvación y aquellas conspiraciones por demás absurdas fueron alimentadas por títeres de papel y forjadas por mediocres de pensamiento.

Hija de Adán, mira hacia atrás ya los mortales no creen tanta mentira reunida en un solo cuerpo, cambia, de por lo que creas, cambia

Hija de Eva reacciona, los tiempos están cambiando, el banquete en la mesa empieza a desaparecer, las monedas ya no se acuñan en tu nombre, los súbditos declaran la derrota, más en tu palabra puede estar el poder para levantar las cabezas a fin de llegar a una meta.

Te alquilo

Te alquilo un sueño,

No es un sueño cualquiera,

Este fabricado con una quimera,

Adornado de más sueños,

Sin gratificación, ni dueños.

Te lo alquilo por una noche,

Lo puedes amasar con polvo de estrellas,

Lo puedes dejar a la luz de la luna,

Lo puedes guardar en tu almohada,

Pero solo es por una noche,

Te va a gustar,

Tiene un ramillete de flores,

Huele a Jazmín y carbón,

Lo fabricaron con fina porcelana

De aquellos cuentos de hadas,

Dentro tiene centauros de pasión,

También contiene cenizas de antaño,

De hombres que forjaron un futuro cercano,

Verás en él el arco iris domesticado,

Dibujado con pinceles de amor.

Te lo alquilo por una noche,

Para que encuentres esa vieja pasión,

Para que sueltes todos tus demonios,

Para que vuelvas a creer, a creer en ti.

Para que veas que la vida es maravillosa,

Para que sientas como una sonrisa puede cambiar el mundo.

Solo por eso te lo alquilo por una noche.

Si estás de acuerdo,

Te lo haré llegar cuando dispongas,

Ojalá sea en el momento adecuado,

Cuando sientas que no queda más nada,

Cuando pienses que todo está perdido,

Ahí te lo enviaré, recuerda que es solo por una noche.

Retazos

Te he enviado los retazos de una canción,

los encontré divagando debajo de un puente de arenas móviles,

traían consigo un poco de recuerdos,

algo de lágrimas y una que otra sonrisa (decían algo del ayer).

 Te envío esos retazos para que los cosas a contra luz,

no dejes perder ni una coma, quizá se haya lastimado un poco la voz

(ayúdala con esencia del ayer y compresas de sonido),

revisa por favor que no tenga cicatrices y si las tiene

aplica el polvo de estrellas que guardamos al lado de la luna llena.

Gracias por cuidarla, repararla y hacerle sonar de nuevo.

Mi canto es canto de libertad,

de alma pura, de sueño por ungir,

de camino por recorrer, de saeta,

de estrella nocturna en primavera.

Locutor

Ellos se esconden detrás de un micrófono,

nosotros al otro lado con las voces alucinamos.

Ellos despiertan sentimientos,

nosotros atentos fantaseamos.

Ellos andan dentro de esa caja de Pandora,

nosotros nos ilusionamos.

Ellos son libres guardianes del mundo,

nosotros los centinelas habidos de quimeras.

Ellos cavan en la razón,

nosotros damos el corazón.

Ellos están ahí, a cada momento,

nosotros permanecemos en movimiento.

Ellos tienen las llaves del paraíso,

nosotros abrimos las puertas.

Ellos no serían nada sin nosotros

y nosotros les enviamos un caluroso saludo en este su día.

Feliz día del locutor

Desnuda

Si señores,

la vi desnuda

lo confieso

y acepto la condena a cabalidad,

su desnudez me ha hecho libre,

tan libre como aquella ave

que surca los cielos.

Su desnudez

trajo consigo su lucidez,

atrajo secretos claros,

dibujo nuevos horizontes,

declaro otros torrentes.

Si señores

la Vi desnuda,

tan firmemente, sublimemente,

deseada y odiada,

abyecta y creada,

filosófica y erudita,

vulnerable y notable,

frágil y resistente.

Acepto la condena,

no pondré oposición alguna,

solo pido un último deseo:

déjenme volver a verla desnuda,

volver a leerla una vez más,

gozar de su sabiduría,

disfrutar de su calidez,

permítanme por última vez

saciar mis oídos con su melodía,

palpar en mis manos su aliento,

sentir su cadencia abrazándome.

Condenado más no absuelto

declaro mi culpabilidad,

solo ella me sedujo

En el día de la mujer

Desde el mismo momento en que gestan nuestras vidas las amamos, son esos hermosos seres a los cuales por error les rendimos tributo un solo día en especial al año, cuando debería de ser todo el tiempo; ellas en su magnitud están siempre ahí, como ángeles guardianes, vienen disfrazadas de multitud de formas, a saber: madres, hermanas, compañeras, amigas, esposas, amantes, confidentes, etc., toda una amalgama de seres.

Algunas son veneradas y otras vapuleadas, otras son tratadas como reinas y otras tantas como esclavas, ojalá como hombres respondamos a lo que es su verdadera esencia, la de ser respetadas, valoradas, queridas, protegidas.

 Será un gusto decirles que por los colores del arco iris su belleza resplandece por el tono de tu sonrisa y adicional a ello por la elocuencia de su mirada; son fruta deseada por los sentidos pues es un gusto para nosotros los terrenales tener el privilegio de poder disfrutar de su presencia.

Que se envíen diez guerreros de terracota así: cinco de ellos con espadas de marfil granito, tres más con lanzas hechas en diamante y flor, los dos últimos lleven las flechas de cupido y el cetro que perdió el rey de babilonia. Al llegar al centro de su mirada, dispóngase los guerreros de terracota con las espadas de marfil, apuntar directo al vórtice de su sonrisa, para que sea por siempre recordada.

Acto seguido iluminen con las lanzas el camino que va a recorrer, para dar oportunidad a las flechas de cupido a apuntar sobre su magno corazón y dejar una saeta de amor a sus pies, para terminar, tómese el cetro perdido, entréguese a manera de llave de entrada a los jardines de babilonia, dónde estaremos esperando con impaciente calma, para hacer de este día el mejor momento para quererlas y brindar a la salud de su esencia.

CARTA A UN HIJO

Te escribo desde algún punto de la ciudad, sabes desde hace tiempo que te quería hablar; debo decirte primero que todo que desde que supe que venias a este mundo mi vida dio un vuelco totalmente grande, la alegría invadió todo mi ser. Ver tus primeros pasos, oír tus primeros balbuceos, sentir esas sonrisas, adivinar tus señales, qué tiempos aquellos; todo era un inconmensurable desborde de pasión.

De ahí el verte crecer, recordar cuando entraste por primera solo a hacer tus necesidades, aleluya habías dejado el pañal; captar cuando con tus finas manos tomabas lo que sirviera para rayar, eras todo un Picasso llenando las paredes de la casa con trazos algo bruscos; hasta tu mama decía que serias todo un artista. Luego llego la alegría de tus primeras clases, en aquella escuela donde te recibieron para impartirte conocimiento, con ello llego el trabajo de las tareas que a mi bien ayudaron un poco, pues sería el comienzo para seguir haciendo de ti, un hombre de bien.

Pero el tiempo es cruel, los años empezaron a pasar, el trabajo se volvía cada vez más, a la par de tu crecimiento crecieron las responsabilidades, los gastos de igual manera, sin dejar de lado las crisis tanto económicas como de pareja; bien sabes que como decía aquel gran poeta: cuando la pobreza entra por la puerta el amor sale por la ventana, con esto llegaron los problemas que fueron haciendo mella en todos los aspectos de mi vida; es preciso decir que aunque la relación se deterioro entre nosotros, eso no quita que siempre te he amado.

Ahora que los años llegan pasando la factura con sus incontables intereses y a su misma vez un gran halo de soledad empieza a embargar este cuerpo cansado, me dirijo a ti de manera sincera a pedirte perdón, perdón por todo ese tiempo que desperdicie quizá buscando el bienestar que a la fecha no he logrado darte; perdona por si alguna vez desplegué lagrimas en tu camino, por las ilusiones des barajadas, por tantas noches en que te hice madurar a la fuerza.

Disculpa por último si te escribo a esta hora, pero el corazón sentía la urgencia de decírtelo.

Se despide de ti, un hombre ya cansado, ya viejo, sumido en una absorta soledad.

Confesión

Al terminar la noche llego a mí el recuerdo de tu sonrisa, lo cautivante de tu mirada y porque no lo excitante de tu piel. Pensé en como seria querer tomar todos tus atributos y darles a disfrutar de un gran placer.

Por la hora seria la tarde pues es más propicia para dar rienda suelta a las melodías desencadenadas que nuestros cuerpos pueden aguardar, nos encontrábamos en un bar que fue elegido al azar, tu lucias un jean ajustado que a ser sincero permitía visualizar todo el contorno de tus piernas y un trasero que la misma J Lo envidiaría, igualmente encajabas a la perfección con una blusa de transparencia que hacía lucir tus senos más hermosos de lo que a simple vista se puede visualizar. Tomamos quizá dos o tres vinos calientes (michelados preferiblemente), las sonrisas y recuerdos se dejaban escapar hasta tal punto que los anónimos comensales sentían envidia por asistir a aquel acto.

Al compás de aquel maravilloso encuentro, nuestras piernas se cruzaban por debajo de la mesa haciendo más excitante la ocasión, las manos inician su ritual, unos besos florecieron, otros se perdieron al contacto de los labios. Abandonamos con cierta impaciencia aquel lugar para refugiarnos en otro más personal, donde podíamos dar rienda suelta a todo ese torbellino que no tenía ansiosos, cada instante más deseoso de tocarnos, de acariciarnos, de saciarnos.

Te recostaste sobre la cama aun con tus prendas puestas, pediste que te abrazara fuerte y diera un beso, seguido de aquel instante cogite mis manos para que tocara la firmeza de tus senos, para que los palpara por encima de aquella blusa (desabotonándola lentamente) dejabas salir tus erguidos pezones, hermosos, lujuriosos, deseosos, posaba mis labios en ellos.

Tocaste con tus suaves manos dentro de mi pantalón, encontrando dentro mi falo erecto y húmedo, lo apretaste con ganas, soltaste la bragueta para verlo en todo su esplendor, lo visualizaste y posaste tus labios en él, haciendo movimientos con tu lengua en rededor, lo disfrutabas en demasía, estando allí lanzabas miradas de complacencia (divina foto mental la que guarde), duraste un par de minutos a lo sumo. Retiraste tus labios y nuevamente posaste tu cuerpo sobre las sabanas permitiendo que quitara aquel jean, descubriendo aquel encaje de tu ropa interior. El largo de tus piernas es todo un espectáculo digno de ver tantas veces como sea necesario y allí estaba tu clítoris -húmedo, cálido- corrí a un lado tu encaje y me sometí a los placeres que allí se encuentran, logrando que tu gemir fuera más grande cada vez, tus piernas temblando me sujetaban con todas tus fuerzas hasta el punto de quitar mi respirar -era la entrada al cielo- llegue al punto de beber tu elixir. Tomaste nuevamente mi falo y lo penetraste dentro de ti, dejabas ver todo el clamor que en tus senos aguardaban mientras cabalgabas encima mío, tus movimientos eran como los de aquellas amazonas que marchaban a galope (suaves, fuertes, cadenciosos, fieros, cálidos con su cabellera al viento). Definitivamente es la más hermosa explosión sexual sentir nuevamente tu orgasmo o mejor tus orgasmos porque llegaron uno tras de otro. Luego de sentirte la mujer más deseada y amada, buscaste en mi aquel orgasmo deseado desde el mismo momento en que te conocí, dándome a probar toda tu esencia, todo lo que yo deseaba probar en ti.

Terminamos agotados uno encima del otro, con nuestras pieles húmedas, con nuestros labios cansados de la saciedad depositada en aquel tálamo, solo los suspiros y los poemas hacían parte de aquel coro. Perdona mi confesión en esta noche más es el deseo quien me lleva a ser confeso y no absuelto.

TANGO

"la vida es un tango y el que lo baila es un loco"

Cantaba a los cuatro vientos aquel malevo en los viejos arrabales platenses,

Improvisando las penas de Malena, lo acompaña aquel viejo y sucio bandoneón

Y un triste compadrito a la guitarra

La noche se hace larga cuando un blanco bandoneón

Nos deja en apuros el insolente corazón,

Los puchos de la vida se atraviesan doblando el callejón.

Malena canta bajo la luna a su esclavo y amo.

Suenen las guitarras, la cama vacía esta,

La fatalidad y el amor se dan la mano,

Así es el juego de la vida aquí donde somos infinitos.

Por estas calles de aquel viejo arrabal,

anda un milonguero lunfardo y malevo,

improvisando las penas de Malena,

lo acompaña aquel viejo blanco bandoneón

y un triste compadrito a la guitarra,

el pucho de la vida apretado entre los dientes

no puede escapar a aquel danzón

Disculpa la hora

Disculpa la hora, sé que te había prometido no estar contigo, más la ausencia se convierte en veneno en el mismo momento que no logramos digerirla, solo que esta noche no aguante el deseo y vengo directo a tu cama, puedes correrte un poco por favor, siento la necesidad de sentirme cómodo a tu lado. veo que llevas tu pijama puesta y no imaginas de qué manera te adorna, tu cabello este suelto (como me gusta), me atrapa ese calor en tu mirada, tu cuello se ve delicioso como para hincar en ellos mis labios. Me agrada la forma de tus labios, se ven sumamente tentadores, dan deseo, dan ganas de apretarlos en los míos.

Perdona si sientes mis manos rosando las tuyas, me parecen muy suaves, delicadas como una armonía musical, quisiera tocar todo ese conjunto que te acoge. Ponte cómoda pues esta escena se repetirá en cada tramo de la noche, permite-me ver con detenimiento e imaginar lo que esconde ese pijama, cierra los ojos por un momento (por favor), solo siente como mis manos tocan con cautela el monte perfecto de tus senos y la orilla exacta de tu pezones, no te atrevas a impedir que continúe pues mis dedos se encuentran atados a ellos y están deseosos por continuar su marcha, no musites palabras pues en este lapso el silencio es nuestro mejor aliado para que ningún anónimo se atreva a socavar este preciso momento, tampoco impidas que mis manos continúen con su recorrido pues el viaje hacia el centro de tus piernas va en progreso.

Voy directo a escrutar el punto exacto donde tu sexo se transforma en miel y gemir, humedad y placer, calor y fuego, voy al punto en donde mis labios quieren acechar para intentar beber de ti tal elixir, que solo es entregado a quienes tenemos el placer de explorar tal sentido femenino. Deja que de tus labios brote un beso, bien sea a mis labios o a mi glande (donde mejor te guste), ponte más cómoda ahora es el momento de continuar disfrutando de tu estrecho ser, mis labios se posaran allí con afanoso detenimiento, sentirás como mi lengua se une a ti, en un singular ritual (si vas a interrumpir que sea para darme una caricia), no temas, te poseeré hasta que tu orgasmo llegue y el mío quede dentro de ti.

Permíteme ahora posar tu cabeza sobre mi pecho, de reojo quiero divisar el candor que dejan tus senos luego de ser poseídos, después de haber escrutado con mis afanosos labios la verdadera esencia que esconden tus pezones. También y para nuestro placer depositare un beso sobre tus labios (que por cierto me encantan), leeré con mis ojos todo ese paraíso que ha bien me dejaste explorar, tu cintura invita a ser aquel Magallanes que ansioso busca el tesoro del dorado, (no detengas mis manos en este instante, planeo volar sobre tu sexo), la elocuencia de tus largas piernas hace desfallecer dentro de ellas.

Admito que esta noche tenía ese inconmensurable afán por estar perdido dentro de tu cuerpo celeste, me encontraba habido y con mi esperma urgente, deseoso por poseer todo aquello que algunos hombres dejaron caer al abismo en busca de nada, quería sentir como tu piel húmeda se entretenía con mi sexo dentro del tuyo. Admito en esta breve confesión que quería saciar tu instinto de mujer, palpar entre mis labios, mis manos, mis dedos, mi glande y toda la totalidad de mi cuerpo, la verdadera sensación de sentir a una mujer como tú.

 Y ahora que ya lo he logrado debo retirarme a mis aposentos, pues algún ser anónimo ha de llegar pronto a tu cama a buscar en ti ese refugio que acabo de tomar. Es deber desearte una buena noche, ya que marchare con la sombra de la luna a esperar la siguiente oportunidad de disfrutar tu piel.

He aquí

He aquí que la noche llega de sorpresa a las almas que no la esperan, pues es tu sonrisa el alucinante necesario para que el mundo gire, con la noche llegan también los recuerdos, las vivencias buenas o malas (según los ojos que la vean), asoman recuerdos tales como tú compañía en una tarde dominical o el abrazo nocturno de la noche anterior, toda esa amalgama de letras, sonidos, vistas físicas, charlas por largos ratos, es de verás la mejor manera de volver a vivir, intentar alunizar en tu cuerpo puede ser la mejor locura que un hombre puede hacer, querer robar a tus labios un suspiro es la manera más elegante que un poeta puede tener, querer desearte de tal manera que tus sentidos quieran ser buscados es sin lugar a dudas querer encontrar a Dios en tu piel, quererte es la manera más clásica de asomar las manos a lo alto para tocar el cielo. He dicho

Un gramo de locura

Sólo un gramo de locura es lo que pido,

sólo un instante de cordura es mi deseo,

sólo pido una lágrima bajo la lluvia para unirnos infinitos.

Malditos héroes de la noche donde están ahora, que la parca me sujeta.

ángeles caídos sujeten mi clamor, la hora gira en forma de amor,

poetas irreverentes escuchen mi dolor, la parca me sujeta.

Cuanto tiempo dura la agonía, cuando asoma mi funeral,

la agonía es braveza, es silencio sobre silencio,

cada lágrima amenaza mi extinción.

La parca me sujeta cuanto clamor habrá que esperar,

cuanto aguanta el alma, cuanto resiste la piel,

cuanto se debe desperdiciar, cuanto deben callar los pasos,

cuanto se debe prolongar la ausencia.

Te engaño

Es cierto que te engaño, nada está oculto entre letras y versos, debes perdonar mi posición, te engaño recientemente con la luna que cuida tu camino hasta que llegas a casa, te engaño con la brisa que trae consigo un modesto suspiro que según ella nace a mi favor, te engaño con la nube viajera que esculpe tu silueta al andar y la deja impregnada en el cielo para que mis ojos puedan recrearte a la distancia, te engaño recientemente con la última lágrima que tú mirar abandono en algún momento, te engaño con la lluvia que trae en sus manos los recuerdos frescos de tu piel, te engaño con las pompas de jabón que se deleitan cada mañana al recorrer tu piel, hasta con ese cepillo de dientes que cada día tiene el honor de estar cerca de tus labios, te engaño cuando escribo para saludarte y esperando que tengas a bien leer, te engaño cada vez que el reloj en su incesante andar anuncia la llegada de la mañana para saludarte, con estas cosas te engaño y ya confesado más no absuelto te engaño en el mismo instante en que mis manos buscan afanosamente debajo de los escombros aquel texto que me hizo desear buscar en tus rincones todo ese calor que despierta tu mirada.

Perdona nuevamente mi engaño

Es mentira

Es mentira que no sueño con poder acariciar tu espalda, con tocar suavemente con un pétalo de una rosa la sensibilidad de tus senos, con viajar entre tus dedos hasta tus labios, con buscar refugio en tu mirada.

Es mentira que no quiero viajar por entre tus suspiros hasta el punto donde se conectan tus piernas y tus pensamientos, es mentira que no quiero penetrar tus sentidos, que no siento la necesidad de verme volcado en tus poros, que la luna es fiel testigo de cuántas veces imploro por verte desnuda. De verdad que es mentira

Esta noche

"Esta noche no es como cualquiera, esta noche te pienso más de lo debido, estás en mi cabeza dando vueltas. Estás conmigo, pero no. Esta noche estoy pensando en todas las cosas que podría hacerte si te tuviera cerca, estoy pensando en todas las cosas que podría decirte al oído si te tuviera a mi lado, estoy pensando en todos los besos que te daría, no pararía, te besaría y te besaría, no importa si llega a dolernos, te seguiría besando porque es tanta la urgencia. ¡Me urge tenerte conmigo, me urge demostrarte el amor que tengo para ti! el amor que se está acumulando por no tenerte cerca. Quiero verte, quiero llenarte, que te empalagues de mí."

Hoy

Hoy decidió el libro del destino, decidió dejar que el fuego de vida que tus labios provocaron fuera cuestión de un pasado, un pasado no remoto que quema, que sangra, que deja una flama que cae lentamente a un abismo, un abismo sin regreso. Hoy decidió el destino que nuestras vidas fueran parte de un ayer, un ayer que inspiró mil suspiros y dos o tres lágrimas, un ayer que por un instante

me devolvió la gran alegría de sentirme vivo, un ayer que me volvió a enseñar la palabra amor, esa
que florece desde lo más profundo del alma, ahora sólo quedaré con un maldito recuerdo de algo
que pudo ser hermoso y quizá no lo quiera el tiempo sea una pesadilla sino más bien quede en eso,
un bonito recuerdo. Ahora debo recoger las cenizas y volver a blindar mi corazón, desechar
cualquier rastro de sensibilidad y poder decir Adiós antes de volver a sentir la más mínima muestra
de amor. Ahora que el destino confabula en mi contra debo ser más fuerte

Por tenerte aquí

Daría lo que fuera por tenerte aquí, justo a mi lado, si a mi lado, sentada en este sillón que te
aguarda desde el mismo día en que te conocí (valga aclarar que en su momento no lo sabía), muchas
veces te he imaginado.

Te he imaginado entrando por aquella puerta que espera porque tú la abras, trayendo tu cabello
suelto, el poco maquillaje que usas adornando lo celestial de tu mirada, tus labios envueltos en ese
rojo carmesí, la bondad de tu sonrisa que tantas veces a logrado revivir esta epopeya, por demás
aquel vestido que adorna de que manera toda la elegancia de tu cuerpo.

Entras tomando posesión de cuanto tu mirada alcanza a disfrutar, te sientas dejando entrever tus
hermosas piernas, tomas la postura de aquellas cortesanas de antaño, alardeas con vehemencia un
discurso feminista, pides con cautela una taza de café, de cuando en cuando respiras para pedir
aprobación y continuar, tomas cada palpitar de tu oratoria y lo conviertes en un poco de deseo. Te
observo con singular mirar, detallo cada parte de tu rostro engrandecido por tu elocuencia, disfruto
lentamente de la armonía que existe entre tus labios y tu voz, analizo la sensualidad que escondes
directamente de tu mirada sin dejar a un lado las formas que albergan en tu cuerpo, oh divina
manera de que seas toda una mujer: lucida, encantadora, libre, sensual, la perfecta causa para soñar.

Pasan los minutos y sigo aquí como un niño escuchando tus relatos, todo tiene sentido y
sentimiento (que hermosa te vez allí sentada), por momento me pregunto a que deshoras desearas
que te tome, que mis labios se posen en los tuyos, que pueda sujetarte con fuerza y delicadeza, son
tantos los deseos que me quieren aprisionar.

Ya han pasado varios minutos, me dejas tomarte de la mano nuevamente, inclinas tus labios
buscando los míos (que sensación tan agradable al tacto), acaricio con vehemencia y alevosía tu
rostro -fino, suave, delicado- me permites continuar con el ritual. Te levanto de aquel sillón, te
abrazo por la espalda, corro tu cabello a un lado, beso levemente tu cuello, intentas tocar mi glande
lo cual no te permito pues sujeto tus manos, suavemente acaricio tus hermosos senos, suaves al
tacto, rígidos a la vista, amables a medida que se tocan.

Te escribo

Te escribo con cada paso de la mañana,

con cada verso pedaleando entre quimeras

con cada gota de dolor que me embarga,

te escribo para quedarme en tu memoria

aquella que te nombra sin misericordia,

te escribo con la soledad del viajero.

te escribo desde el fondo de mi agonía,

te escribo resbalando en las sombras,

te escribo desde el silencio de mi caverna,

te escribo porque necesito de tu ayuda;

anoche mientras las estrellas caían

vi en un panal la inocencia caer,

anoche una mentira más nació,

anoche peter pan murió,

anoche el mundo cambio.

te escribo con urgente necesidad,

te escribo porque sé que no me tienes piedad,

te escribo porque deseo escalar la soledad,

te escribo porque tienes en tus alas mi salvedad,

por favor no la arrojes al peñasco vacío

ni menos a aquel mar bravío,

guárdala en tu verde cofre de cristal

o en la cima donde nacen las águilas.

Ella

Ella eligió aquella canción que mostró al mundo su vértigo, la separó con una sonrisa, dio en prenda de garantía los collares que encontró cerca de su abismo, adicionó una porción de quimeras que celosamente guardaba en aquel desgastado bolso azul al que también escondía un polvo de estrellas.

Aquel tendero de melodías escogió un delgado estuche protector hecho de aromas y cristales, colocando dentro con mucho cariño aquella canción, no fuera a caer alguna nota, o se estropeará un tinte de la voz, lo almacenó en la segunda gaveta a la espera de ella.

Pasaron solo cuatro instantes, dos auroras boreales y un frío glaciar para que ella llegara, aún estaba allí, guardada, libre, sin estrenar, esperando impaciente a ser de nuevo sentida. La tomó con las cenizas de ayer, con palillos chinos pues quería volver a andar, desnudarse, entregarse nuevamente a ese vértigo que hizo que ella la amara.

Poeta soy

Hola, mucho gusto, me presento: poeta soy, busco en tus sueños mi realidad, anhelo tocar tus labios y besar tus miedos, me propongo ser ese intangible que pienses en tus noches, deseo tocarte con el pensamiento debajo de tu piel, es decir tú alma.

Soy poeta, no remiendo palabras a una coraza, adorno tus momentos así sean tristes, adobo con sentimientos tus pasos, cristalizó penas en las sombras, plasmó arco iris en el Vaivén de las olas, azuzo hogueras de paisajes nocturnos, derrumbo causas perdidas, viajo sobre hojas de girasol

Mucho gusto poeta soy, con algo de caballero y demonio, ¿quieres venir?

Brindo

Brindo por esta noche,

brindo por quien me escolto en tantas soledades

sin despilfarro de emociones, por ella,

que anuncio al mundo mis versos.

Brindo por aquellos trovadores que cayeron rendidos,

ante una puesta de sol en sus brazos,

brindo por los mejores momentos en tierra árida,

por aquellos que descubrieron la partida.

PARA TI

Si vez que en las noches escapan las estrellas

acompañadas de una estela humeante,

te darás cuenta que la vida continua

y en ese concierto infinito somos solo una parte.

Si descubres que la luna esta triste

y la acompaña una estrella solitaria,

te darás cuenta de que el amor a todos nos toca,

pero por sobre todo continuamos vivos,

y el camino, aunque largo continua.

No dejes caer la estrella que nace en tu mirada,

ni la luna que esconde tu sonrisa,

 pues servirán para iluminar la noche

donde todos somos parte infinita.

Regálame una sonrisa, ...gracias.

TE ESPERO

Te espero cada mañana al despertar,

en el agua que moja mis lagrimas;

te espero en la parte del sol oculta,

en el silencio de la noche.

Te espero en cada beso triste

que aflora de nuestros labios al partir,

en el abrazo de un encuentro.

Te espero en tus sueños,

esos sueños que me llevan a ti,

donde quiera que este allí te espero,

con la rosa del amor, TE AMO

POETA

Oye poeta, ya no pares los sueños de ayer;

oye poeta, este es un nuevo amanecer;

los versos no pueden hundirse,

las palabras deben vivirse

10 GUERREROS

Envíen se 10 guerreros de terracota así:

cinco de ellos con espadas de marfil granito,

tres más con lanzas hechas en diamante y flor,

los dos últimos lleven las flechas de cupido y

el cetro que perdió el rey de babilonia.

Al llegar al centro de su mirada dispóngase

 los guerreros de terracota con las espadas de marfil

apuntar directo al vórtice de su sonrisa para que sea

por siempre recordada.

Acto seguido iluminen con las lanzas el camino

que va a recorrer y así dar oportunidad a las flechas de cupido apuntar sobre su magno corazón y dejar una saeta de amor a sus pies,

para terminar, tómese el cetro perdido

y entréguese a manera de llave de entrada a los jardines de babilonia

dónde estaremos esperando con impaciente calma,

para hacer de este día el mejor momento,

quererlas y brindar a la salud de ellas.

UNA CANCION

Ella eligió aquella canción que mostró al mundo su vértigo, la separó con una sonrisa, dio en prenda de garantía los collares que encontró cerca de su abismo, adicionó una porción de quimeras que celosamente guardaba en aquel desgastado bolso azul al que también escondía un polvo de estrellas.

Aquel tendero de melodías escogió un delgado estuche protector hecho de aromas y cristales, colocando dentro con mucho cariño aquella canción, no fuera a caer alguna nota, o se estropeará un tinte de la voz, lo almacenó en la segunda gaveta a la espera de ella.

Pasaron solo cuatro instantes, dos auroras boreales y un frío glaciar para que ella llegara, aún estaba allí, guardada, libre, sin estrenar, esperando impaciente a ser de nuevo sentida. La tomó con las cenizas de ayer, con palillos chinos pues quería volver a andar, desnudarse, entregarse nuevamente a ese vértigo que hizo que ella la amara.

COFRE

Dentro de un cofre pequeño guardé una sonrisa para ti, solo tú guardas la llave, es pequeña dura un segundo en abrir más todo el día para durar.

Te la dejé envuelta con tiras de papel fabricado con los pétalos que volaron de los jardines de Babilonia, a un lado de ella hay un beso, no es tan grande como el que quisiera darte, pero te acompañara en el día.

Por favor guarda aquel cofre,

lo vamos a necesitar para guardar otras sonrisas o para que

busques de cuando en vez un beso que te acompañe.

Mientras tanto quisiera desearte un muy buen día

NOTAS DE BUENOS DIAS

-Tomé anoche la otra acera, quería ver desde otro ángulo el camino, quería divisar tu sonrisa como adornaba aquel momento. Lo logré, vi a muchos callados pasar a tu lado y quedar contagiados, volvían la mirada tratando de encontrar un punto intermedio con tu brillo (vieras que espectáculo), otros renunciaban de manera silenciosa a sus tristezas, no faltó quien se llenará de oídos sordos e hizo caso omiso a tal fuerza

Tomé la otra acera para decirte con un cartel: hola buenos días, es un día especial, preparado para ti.

-Entre los dibujos que dejaron los sueños de la noche, me encontré con uno que me encantó, se trataba de un beso grabado sobre un cristal, él pendía de un hilo, se acercaba con más fuerza a medida que yo avanzaba hacia él, la verdad que me gustó pues lo sentí tan valioso como lo es para un caminante un oasis en el desierto, al despertar lo primero que hice fue pensar en ti

-Y aquí estoy destilando versos, buscando refugio en aquel beso y mirando con desesperación un gramo de luna para desearte una linda mañana. Feliz día

-Bella musa nocturna, anoche mientras la luna se ocultaba detrás de una canción, me vi disfrutando de una fotografía (hermosa por cierto), te imaginaba de frente con tus hermosos senos al descubierto, completamente habidos de ser acariciados por mis frágiles manos que se urgían nerviosas ante magno espectáculo, imaginaba también como después de las caricias bajaba lentamente por tu ombligo, lo veía deseoso y ni que decir de tu vientre, húmedo, afanosamente apresurado por ser tocado por mi lengua. Créeme que sentía tu calor, no era un calor vano, era un calor que lograba excitar mi pene, ponerlo erguido, hiciste que despertara mojado. A decir verdad, me encantó.

NOTAS DE LA NOCHE

-Veo que la ausencia de nuestras pieles ha estado haciendo el debido efecto esperado, tus largas distancias han estado muy activas últimamente, entiendo tus largas jornadas, más tu ausencia se ha vuelto costumbre y es quizá el momento de partir de la misma manera como asomé. Te pido que por favor no dejes de sonreír pues alimentas el sol con ello, no bajes la guardia pues has demostrado ser toda una gran guerrera, posees un corazón tan valiente como valeroso, el mundo ha de sentirse orgulloso por contar con tu presencia, las naves del olvido no aparcaran en tu mar, por el contrario, serán más los recuerdos que te evoquen.

-Gracias por brindarme la oportunidad de saber de ti, por permitirme formar por un instante parte de tus noches, por hacer que algunas noches fueran especiales e inolvidables, por dejarme seducir con letras blancas tu piel, por considerar que una vez sonrojada sigues siendo más hermosa, por tantos motivos que me llevaron a refugiarte en las líneas de un poema, por conocer una buena parte de tus pasiones (guardadas con fiero secreto en mis entrañas), por tantas bonitas cosas compartidas así sea a la distancia o de manera personal.

PERDONA LA HORA

Disculpa la hora, sé que te había prometido no estar contigo, más la ausencia se convierte en veneno en el mismo momento que no logramos digerirla, solo que esta noche no aguante el deseo y vengo directo a tu cama, puedes correrte un poco por favor, siento la necesidad de sentirme cómodo a tu lado.

veo que llevas tu pijama puesta y no imaginas de qué manera te adorna, tu cabello este suelto (como me gusta), me atrapa ese calor en tu mirada, tu cuello se ve delicioso como para hincar en ellos mis labios. Me agrada la forma de tus labios, se ven sumamente tentadores, dan deseo, dan ganas de apretarlos en los míos.

Perdona si sientes mis manos rosando las tuyas, me parecen muy suaves, delicadas como una armonía musical, quisiera tocar todo ese conjunto que te acoge. Ponte cómoda pues esta escena se repetirá en cada tramo de la noche, permite-me ver con detenimiento e imaginar lo que esconde ese pijama, cierra los ojos por un momento (por favor), solo siente como mis manos tocan con cautela el monte perfecto de tus senos y la orilla exacta de tu pezones, no te atrevas a impedir que continúe pues mis dedos se encuentran atados a ellos y están deseosos por continuar su marcha, no musites palabras pues en este lapso el silencio es nuestro mejor aliado para que ningún anónimo se atreva a socavar este preciso momento, tampoco impidas que mis manos continúen con su recorrido pues el viaje hacia el centro de tus piernas va en progreso.

Voy directo a escrutar el punto exacto donde tu sexo se transforma en miel y gemir, humedad y placer, calor y fuego, voy al punto en donde mis labios quieren acechar para intentar beber de ti tal elixir, que solo es entregado a quienes tenemos el placer de explorar tal sentido femenino. Deja que de tus labios brote un beso, bien sea a mis labios o a mi glande (donde mejor te guste), ponte cómoda ahora es el momento de continuar disfrutando de tu estrecho ser, mis labios se posaran allí con afanoso detenimiento, sentirás como mi lengua se une a ti, en un singular ritual (si vas a interrumpir que sea para darme una caricia), no temas, te poseeré hasta que tu orgasmo llegue y el mío quede dentro de ti.

Permíteme ahora posar tu cabeza sobre mi pecho, de reojo quiero divisar el candor que dejan tus senos luego de ser poseídos, después de haber escrutado con mis afanosos labios la verdadera esencia que esconden tus pezones. También y para nuestro placer depositare un beso sobre tus labios (que por cierto me encantan), leeré con mis ojos todo ese paraíso que ha bien me dejaste explorar, tu cintura invita a ser aquel Magallanes que ansioso busca el tesoro del dorado, (no detengas mis manos en este instante, planeo volar sobre tu sexo), la elocuencia de tus largas piernas hace desfallecer dentro de ellas.

Admito que esta noche tenía ese inconmensurable afán por estar perdido dentro de tu cuerpo celeste, me encontraba habido y con mi esperma urgente, deseoso por poseer todo aquello que algunos hombres dejaron caer al abismo en busca de nada, quería sentir como tu piel húmeda se entretenía con mi sexo dentro del tuyo. Admito en esta breve confesión que quería saciar tu instinto de mujer, palpar entre mis labios, mis manos, mis dedos, mi glande y toda la totalidad de mi cuerpo, la verdadera sensación de sentir a una mujer como tú.

 Y ahora que ya lo he logrado debo retirarme a mis aposentos, pues algún ser anónimo ha de llegar pronto a tu cama buscando en ti ese refugio que acabo de tomar. Es deber desearte una buena noche, ya que marchare con la sombra de la luna a esperar la siguiente oportunidad de disfrutar tu piel.

HEY TU

Hey tú, quien anda disfrazada de falacia y piensa que la vida le va a sonreír siempre, porque según tú la denominación de tus apellidos será la alta alcurnia, no has fijado todo lo que estás dejando atrás, el cariño, el amor no el físico (pues de sobra lo puedes tener) es ese amor que nace, que brota de tus entrañas, que te obliga a vivir.

Esa clase de amor no lo conseguirás en esa cuesta, ni en ese sortilegio embrutecido en el que estás dejándote caer.

Las monedas te las borrará el maldito tiempo, las lisonjas te adornarán por tu exquisita manera de tirar al traste la lucha desigual de una sombra que pretendió ser un héroe, héroe que partirá con la cabeza en alto y el corazón sangrado, herido por la ausencia, fatigado por largos caminos y luchas, envejecido burlará los cementerios con tal de que, al ser postrero, tengas la amabilidad de eliminarlo para siempre y dejes que su voz se pierda en una sonata de olvido. Hey tú que vendiste cara tu factura en la vida, no todo son monedas, aún te queda algo pendiente, puede que no sea tarde para mañana.

PENSAMIENTO

Quería esta noche escribirte un verso largo de esos que se guardan toda la vida, más estoy harto de letras y conjuros, de textos de amor. Estoy harto de escribirte cada noche un mensaje para enamorarte cuando lo único que me gustaría sería tenerte aquí a mi lado y poder decirte tantas cosas.

www.ingramcontent.com/pod-product-compliance
Lightning Source LLC
Chambersburg PA
CBHW031246130726
47988CB00008B/3259